GOUVERNEMENT

DE

M. LE MARÉCHAL DUC D'ISLY

EN ALGÉRIE.

SES CIRCULAIRES.

Par **M. FRANQUE**, avocat, auteur des *Lois annotées de l'Algérie*, etc., etc.

Prix : 1 Franc.

PARIS,

IMPRIMERIE ADMINISTRATIVE DE PAUL DUPONT,

Rue de Grenelle-Saint-Honoré, 55.

1848

GOUVERNEMENT

DE

M. LE MARÉCHAL DUC D'ISLY

EN ALGÉRIE.

SES CIRCULAIRES.

La renommée militaire de M. le maréchal duc d'Isly est complète. Elle est assise sur des bases inébranlables. Tout le monde rend justice aux qualités guerrières que M. le maréchal a déployées pendant sept années de commandement. Activité infatigable, dévouement personnel, sollicitude constante pour le soldat, coup d'œil prompt et sûr, résolution hardie, fondée sur la science, sur la confiance en soi-même, et dans ceux que l'on commande, tels sont les principaux traits de cette grande physionomie militaire, qui tiendra une si large et si importante place dans l'histoire de l'Algérie.

Mais ce que l'on ne sait point assez, c'est que M. le maréchal Bugeaud a, autant que possible, autant que le comportent les forces humaines, employé les courts loisirs que lui laissaient les expéditions militaires et le commandement d'une armée de cent mille hommes, à l'administration proprement dite. Notre intention n'est point de rechercher et de dire ici tout ce qu'il

1848

a fait sous ce rapport, de rappeler l'impulsion féconde qu'il a donnée aux travaux qui en sept ans ont changé la face de l'Algérie, en substituant dans la main du soldat, avec autant de bonheur que de fermeté, la bêche à l'épée. Nous ne voulons point rappeler ces travaux gigantesques, ces routes magnifiques, dont se seraient enorgueillis les Romains, et qui suffiraient pour illustrer un gouvernement. Nous voulons simplement offrir la rapide analyse des circulaires de M. le maréchal duc d'Isly. Elles embrassent à presque toutes les parties du service, qu'elles ont eu pour objet d'améliorer et qu'elles ont améliorées en effet. Elles attestent une sollicitude infatigable, en même temps qu'un rare esprit d'organisation et d'application.

Un grand nombre de ces circulaires s'appliquent au *gouvernement des indigènes*, matière délicate et grave, qui a si justement préoccupé depuis plusieurs années le pays et les Chambres.

Quelques-unes ont un caractère purement administratif, telles que celle du 28 janvier 1844, qui demande des rapports de quinzaine présentant le résumé de tous les faits et nouvelles de l'intérieur, et établissant en quelque sorte, le compte rendu moral de chaque tribu. Cette grande mesure d'ordre a puissamment contribué à éclairer l'administration et le gouvernement sur les populations indigènes. Une autre circulaire du 30 septembre de la même année rentre encore dans cette catégorie. Elle a pour objet de reconstituer, de réunir les fractions diverses, les membres épars de chaque tribu, et de les replacer sur leur territoire, et sous un même commandement. Il importait essentiellement en effet de faire cesser la situation anormale dans laquelle la guerre avait placé un assez grand nombre de tribus, situation pleine de périls, et qui ne pouvait que favoriser les désordres et les brigandages de toute nature. Ce but a été atteint. D'autres circulaires ont un caractère politique et une plus haute portée. Celle du 17 septembre 1844 renferme d'admirables instructions sur les règles à suivre pour gouverner et administrer les Arabes. Jamais la raison n'avait été mieux inspirée par l'humanité et par la justice. Cette circulaire est un code complet de politique. Il faudrait la reproduire tout entière, pour en faire exactement apprécier la valeur. « La conquête de l'Algérie, dit M. le maréchal, se distingue des conquêtes que l'on a faites en Europe. Là, quand on gardait une province conquise, on n'avait pas la prétention d'introduire dans son sein un peuple nouveau, on ne voulait pas prendre une partie des terres pour les donner à des familles étrangères différant de mœurs et de religion.

« En Afrique, au contraire, tous ces obstacles se présentent devant nous et rendent la tâche infiniment difficile. Nous devons donc porter la plus grande sollicitude, la plus constante activité et une patience inébranlable dans l'administration des Arabes. »

Mesurer ainsi les obstacles, c'est les avoir déjà surmontés ou du moins considérablement aplanis.

On a quelquefois reproché à l'ancien gouverneur général de l'Algérie l'emploi de moyens violents, pour soumettre les Arabes. Voici comment la circulaire répond à ce reproche.

« Nous avons fait sentir notre force et notre puissance aux tribus de l'Algérie, il faut leur faire connaître *notre bonté et notre justice ,* et leur faire préférer notre gouvernement à celui des Turcs et à celui d'Abd-el-Kader; ainsi nous pourrons espérer de leur faire supporter notre domination, de les y accoutumer plus tard à la longue, de les identifier avec nous , de manière à ne former qu'un seul et même peuple sous le gouvernement paternel du roi des Français.

« La bonne administration ne doit pas nous dispenser de rester forts et vigilants, mais il est permis de croire qu'elle nous donnera l'avantage de n'employer la force que rarement. L'*uniformité de principes en administration, n'est pas moins nécessaire qu'en guerre.* C'est au système de guerre adopté et suivi dans toute l'Algérie que nous devons la conquête; nous la conserverons par un bon système d'administration suivi dans toutes les localités aussi uniformément que possible. »

« Il faut partout la même police, la même pénalité, les mêmes impôts ; en un mot, le même régime en toutes choses. »

Et plus loin :

« Les simples Arabes doivent être traités avec *bonté, justice, humanité.* »

La circulaire trace ensuite des règles pour le recouvrement des impôts, et règle divers points de la plus haute importance.

Des meurtres, des vols étaient commis dans les provinces, sans que l'on pût en découvrir les auteurs. La tribu sur le territoire de laquelle le méfait avait eu lieu était frappée d'une amende. Par une circulaire du 2 janvier 1844, M. le maréchal Bugeaud maintient cette responsabilité et cette solidarité des tribus. En même temps, il fait connaître à quelle condition ce grand principe sera surtout efficace. Il associe la responsabilité des chefs à celle de la tribu même. « C'est aux fonctionnaires qui jouissent, dit-il, des avantages et des prérogatives du pouvoir de veiller plus que tous les autres au maintien de l'ordre et à la répression des brigandages, » et, fort de ce principe si juste, il asseoit sur une double base la tranquillité et la sécurité du territoire.

Mais il ne s'agit point seulement d'établir l'ordre, il faut encore le rendre fécond. Il faut accroître le bien-être des populations arabes pour les attacher de plus en plus, et par le lien si puissant de l'intérêt, à notre domination. Il faut transformer le territoire par des travaux d'utilité publique, par des barrages de rivières ou de ruisseaux pour les irrigations, des routes, des chemins, des ponts, des fontaines, des puits, des abreuvoirs, etc. Mais une difficulté se présente : comment le gouvernement pourrait-il suffire seul aux dépenses qu'entraîneraient des travaux aussi multipliés ? M. le maréchal Bugeaud conçoit la pensée d'y faire participer les tribus elles-mêmes. Elles pourront s'imposer pour la totalité des dépenses quand elles ne seront pas très-considérables, d'autres fois pour une partie seulement quand les travaux excéderont leurs facultés pécuniaires. Toutes les mesures à prendre pour l'exécution de ce système sont exprimées dans une circulaire du 15 novembre 1844. Le génie militaire et les entrepreneurs civils y concourent dans une juste mesure, etc., etc. Nous devons dire que les Arabes se sont montrés, en beaucoup de circonstances, tout à fait dignes de cette sollicitude. Ils sont entrés dans la voie qui leur était ouverte, et récemment, dans la province d'Oran, ils se sont associés, à leur grand étonnement, pour l'exécution d'un travail d'utilité publique. Ils touchent à la société en commandite.

Les intérêts commerciaux ne préoccupent pas moins M. le gouverneur général que les intérêts agricoles. Ces intérêts se touchent, se prêtent un mutuel appui ; ils doivent exciter une égale sollicitude. Les populations indigènes doivent ressentir, sous tous les rapports, les bienfaits de notre domination. On sait que les tribus nomades du sud se rapprochent chaque année du Tell pour s'y établir momentanément et s'y livrer à des transactions. Ces tribus continuaient d'être soumises à des contributions que prélevaient sur elles les tribus intermédiaires entre le Tell et le Sahara. Ces contributions, connues sous le nom de *bezra*, étaient autorisées par les beys de chaque province, qui avaient intérêt à ce que les tribus nomades fussent attirées sur leur territoire. Mais cet intérêt particulier n'existe plus, puisque l'Algérie ne dépend plus de plusieurs beys, et qu'elle appartient désormais à un seul maître. La perception de la *bezra* serait donc désormais sans cause et sans but. C'est ce que reconnaît et constate M. le gouverneur général : « Il est urgent, dit-il dans sa circulaire du 6 août 1845, de supprimer un usage préjudiciable : 1° aux intérêts des populations avec lesquelles nous devons chercher à établir de plus grandes relations commerciales ; 2° au trésor, qui seul devrait profiter de la *bezra* ; 3° à notre politique, qui a tout avantage d'étendre au loin son influence directe dans le désert. — Je décide donc que l'impôt de la *bezra* soit partout supprimé. » Mais, en même temps, M. le gouverneur général donne les instructions les plus sages pour que cette réforme puisse s'accomplir sans inconvénients. Il émet également des vues judicieuses sur la convenance et la nécessité de rendre uniforme pour toute l'Algérie l'impôt à prélever sur les populations sahariennes quand elles viennent dans le Tell échanger leurs produits. Mais le moment n'était point encore venu d'appliquer ces vues.

Les tribus du Sahara étaient loin d'apprécier cette politique généreuse. Elles avaient, malgré leur soumission, fourni des secours à Abd-el-Kader, et il devenait nécessaire de régler d'une manière plus précise leurs relations avec le Tell. Ce fut l'objet d'une nouvelle circulaire du 24 avril 1846 : « Il y a, dit M. le maréchal gouverneur, un grand danger politique à ce que les nomades puissent faire de grands approvisionnements de blé et d'orge en exeédant de leurs besoins de chaque année. » En conséquence, il y a lieu d'apporter quelques restrictions à la liberté absolue qui avait été précédemment proclamée. Les tribus suspectes ne pourront acheter que sur certains marchés, après avoir déclaré, par l'organe de leurs chefs, la quantité de charges de blé et d'orge qu'elles veulent avoir. Les achats isolés sont prohibés. Toute caravane qui sera rencontrée achetant des grains sans autorisation ou ailleurs que sur les lieux désignés, sera saisie au profit de l'État. Tout douar, convaincu d'avoir vendu des grains sur ses silos isolés sans autorisation, sera puni d'une forte amende. — Toutes ces mesures étaient inspirées par une haute prévoyance, et rendues nécessaires par la présence d'un ennemi habile et dangereux, qui trouvait dans les tribus du Sahara de continuelles ressources. Mais elles ont dû être naturellement modifiées par les événements qui ont livré l'émir à la France.

En dehors de l'action directe et énergique de l'administration, M. le maréchal se plaît à entourer les Arabes de sa protection vigilante et éclairée. Après avoir employé la force, il a recours à la persuasion. Justifiant sa devise : *Ense et aratro,* il veut tour à tour les dominer par le fer et les toucher par la parole ; il veut leur faire aimer notre gouvernement, après leur avoir fait craindre notre puissance ; il veut les éclairer et répandre sur eux les sages conseils de sa haute raison, et les enseignements que lui rend faciles sa longue expérience. « Le premier moyen de réparer les maux de la guerre et d'être heureux, leur dit-il dans une circulaire du 5 juillet 1845, c'est de rester fidèles à la promesse de soumission que vous nous avez faite, et devant laquelle nous avons arrêté nos escadrons et nos bataillons. Il faut accepter franchement le décret de Dieu, qui a voulu que nous soyons venus gouverner ce pays. Vous savez les malheurs qui sont arrivés aux tribus qui se sont révoltées contre nous et les volontés de Dieu.

« Le second moyen, c'est de vous occuper avec activité et intelligence d'agriculture et de commerce; établissez des villages, bâtissez de bonnes maisons en pierre et couvertes en tuiles pour n'avoir pas tant à souffrir des pluies et du froid en hiver, de la chaleur en été; faites de beaux jardins et plantez des arbres fruitiers de toute espèce, surtout l'*olivier greffé* et le *mûrier* pour faire de la soie, etc. »

M. le maréchal entre dans des détails précieux; il leur conseille de meilleures charrues, il leur recommande de ne pas détruire leurs forêts comme ils le font, car ces forêts seront un jour pour eux une grande richesse; autour d'eux s'établiront des villes populeuses où ils vendront à bon prix des bois de construction et de chauffage.

« Quand vous aurez bien médité ces conseils d'amis, et que vous serez entrés dans la pratique des choses que je vous ai recommandées, je vous en dirai d'autres toujours pour votre bien, car nous vous aimons comme des frères, et nous sommes affligés toutes les fois que vous nous forcez à vous faire du mal. »

Ce sont là, si nous ne nous trompons, de nobles et belles paroles qui consolent l'humanité des maux inséparables de la guerre, et qui donnent au vainqueur un prestige de plus. Les Arabes, quel que soit leur fanatisme, ne peuvent qu'y voir le signe éclatant d'une double supériorité.

On voit par ce qui précède combien le gouvernement de l'Algérie est vaste, combien il prête à tous les efforts, à toutes les applications de l'intelligence la plus exercée, la plus étendue et de l'expérience la plus consommée. L'administration des populations indigènes présente à elle seule les difficultés les plus compliquées. M. le maréchal Bugeaud les abordait résolument. Un grand problème se présentait encore à résoudre, en ce qui concerne l'administration de la justice, en dehors de la juridiction des tribunaux ordinaires. Les populations trop clair-semées sur les territoires mixte et arabe ne comportaient pas l'établissement de juridictions civiles ordinaires, pour lequel d'ailleurs des crédits suffisants n'auraient pu être obtenus. Cependant, ces populations ne pouvaient être entièrement abandonnées. Dans cette situation délicate, M. le gouverneur général prit l'initiative hardie de la création d'une juridiction nouvelle, parfaitement appropriée aux besoins auxquels il s'agissait de pourvoir, l'on veut parler de la juridiction des commandants de place. L'arrêté du 5 août 1843 qui déterminait leur compétence est toujours en vigueur, et l'Algérie entière reconnaît les services qui ont été rendus à la colonie par ces magistrats improvisés. Diverses circulaires sont venues compléter cet arrêté, et attester le soin que prenait M. le gouverneur général à régler l'action de cette juridiction si nécessaire.

Les instructions qu'elles renferment sont empreintes d'un remarquable esprit d'équité et de progrès. Dans la circulaire du **27** janvier **1844**, l'on prévoit le cas où l'affaire portée devant les commandants de place serait très-embarrassante; ils devraient alors renvoyer les parties devant le tribunal civil de la province avec l'instruction de l'affaire au point où elle se trouverait. Les jugements de ces commandants sont d'ailleurs soumis à un contrôle minutieux et sévère.

« Au commencement de chaque trimestre , dit M. le gouverneur général, dans sa circulaire du **8** juillet **1845**, je me fais représenter les décisions émanées de ces officiers pendant le trimestre précédent; j'examine avec attention chacune d'elles et je recherche s'il a été rendu bonne justice. Pour n'avoir aucun doute à cet égard, je ne m'en tiens pas à mon examen personnel; je m'éclaire des lumières du chef de l'administration judiciaire; je mets leur œuvre sous ses yeux, en le chargeant de me signaler tout ce qu'elle pourrait offrir de défectueux et tout ce qui, dans son opinion, serait susceptible d'une amélioration. »

M. le gouverneur général s'applique ensuite à pénétrer les commandants de place des principes essentiels, fondamentaux qui président aux juridictions. Il leur impose de nouveaux devoirs, de nouvelles obligations, et s'entoure lui-même de tous les éléments propres à le convaincre que cette juridiction fonctionne selon ses vues et de manière à atteindre le but

important qu'elle doit se proposer. Il dit en termi-
nant :

« Faire aimer et respecter la justice, est un but trop
noble pour que leur zèle ait besoin d'être stimulé par
des recommandations spéciales de ma part; il sera
l'objet de leur première ambition, comme il est con-
stamment l'objet de toute ma sollicitude. »

Cette sollicitude n'était point un vain mot. Une
circulaire du 13 février 1847 prouve qu'elle était incessante et infatigable. Sur un petit nombre de points,
on avait négligé ou retardé l'exécution de jugements
rendus par des tribunaux civils contre des débiteurs
qui habitent des lieux soumis à la juridiction militaire;
M. le gouverneur général blâma sévèrement cette né-
gligence et ces retards.

« Cette manière de procéder est très-répréhensible.
Si elle se continuait, elle aurait les conséquences les
plus fâcheuses pour les localités que l'on aurait peut-
être cru servir, en montrant à quelques individus une
condescendance qui serait injuste envers leurs créan-
ciers. Cela ne tendrait à rien moins qu'à détruire tout
crédit pour les villes où les débiteurs trouveraient
ainsi protection contre la loi et la morale publique. »

Ces considérations sont aussi élevées que justes;
nul doute que M. le maréchal Bugeaud n'ait obtenu la
répression de l'abus qu'il signalait.

Les meilleures institutions demandent à être sur-
veillées; abandonnées à elles-mêmes, elles s'affai-
blissent et s'altèrent. Elles doivent se retremper à
leur source et se perfectionner incessamment. C'est

ce qu'avait parfaitement compris **M.** le maréchal Bugeaud; mieux que personne, il savait les services que l'institution des commandants de place avait rendus, et ceux qu'elle pouvait rendre encore; mais, d'un autre côté, il n'ignorait point de quelles améliorations elle était susceptible, et, si nous sommes bien informé, il songeait sérieusement à les réaliser et à établir cette utile juridiction sur de nouvelles bases. Cette tâche préoccupe sans doute également aujourd'hui l'administration.

La colonisation tient toujours une fort grande place dans les affaires de l'Algérie, elle soulève des questions de propriété fort délicates, et touche par là à un point fondamental, l'administration des indigènes. **M.** le gouverneur général apprécie, juge de haut toutes ces difficultés, et il les résout avec autant de précision que de fermeté. Sa doctrine est non pas de refouler les Arabes, mais de les mêler à la colonisation, non pas de les déposséder de toutes leurs terres, pour les porter ailleurs, mais de les resserrer sur le territoire qu'ils possèdent et dont ils jouissent depuis longtemps, lorsque ce territoire est disproportionné avec la population de la tribu.

« Je considère, dit **M.** le maréchal, la longue possession comme équivalente aux titres écrits et devant donner lieu aux mêmes ménagements, avec cette différence cependant, que, lorsque les circonstances permettent de resserrer une tribu qui n'a d'autres titres qu'une longue jouissance, on peut se dispenser de lui donner des indemnités pour ce territoire qu'on lui prend ; mais, même dans ce cas, il est convenable et politique de lui accorder quelques dédommagements pour l'espace qu'on lui enlève.

. . . . « Tout projet de colonisation européenne doit donc se concilier, se combiner avec les intérêts arabes, c'est la meilleure des garanties à donner à la colonisation européenne. Le mécontentement des indigènes serait pour elle un danger permanent qui ne manquerait pas d'éclater à la première occasion favorable.

« Le meilleur moyen d'atténuer, et peut-être de faire disparaître ce danger, c'est de fixer les Arabes au sol par l'attrait de la propriété bâtie et des cultures sédentaires et soignées. Il faut partout encourager la culture des arbres fruitiers autour des villages que construiront les indigènes. Rien n'attache autant au sol que l'arboriculture. On fait facilement le sacrifice des récoltes annuelles pour se livrer à la révolte. On se résout avec peine à sacrifier de belles plantations d'arbres. »

Ces conseils, si simples en apparence, renferment une excellente politique. La propriété est la base de tout ordre social régulier ; c'est par l'attrait *de la propriété bâtie et des cultures sédentaires et soignées* que l'on domptera les Arabes, que l'on courbera ces populations errantes et farouches sous le joug salutaire de la civilisation. M. le maréchal Bugeaud a indiqué le but qu'il s'agit d'atteindre.

L'un des premiers soins de M. le maréchal, en prenant possession de son gouvernement, avait été de supprimer des postes inutiles, de concentrer, de resserrer l'armée, de la rendre plus active, plus mobile, plus propre, en un mot, à la guerre incessante qui lui était imposée. C'est en se montrant le plus fort successivement sur tous les points, que M. le maréchal a ruiné Abd-el-Kader et l'a réduit au désespoir. Cette excellente tactique a toujours été présente à sa pensée ; il savait que l'on avait affaire à un ennemi vigilant, infatigable, prompt comme la foudre, dont on devait se méfier toujours. L'oubli de cette situation avait parfois amené les plus déplorables et les plus sanglantes catastrophes. Il appartenait à M. le gouverneur général de la rappeler et de la caractériser fortement. Tel fut l'objet de sa circulaire du 14 octobre 1845, écrite à bord du *Panama.*

« Les circonstances, écrivait-il, me conduisent à vous rappeler ce que j'ai souvent écrit et répété : qu'au milieu du calme le plus parfait, nos troupes et nos moyens de tout genre devaient être préparés, placés et disposés comme au temps où la guerre avait la plus grande activité ; comme au temps où Abd-el-Kader pouvait réunir 12,000 à 15,000 hommes ; car, ajoutais-je, la guerre peut renaître d'un instant à l'autre, par le soulèvement du pays tout entier ou d'une fraction considérable ; que si dans de pareilles circonstances nous étions décousus, éparpillés, mal approvisionnés dans nos postes, nous offririons à l'ennemi une foule d'occasions partielles de nous faire éprouver des échecs dont les résultats matériels et surtout moraux auraient les plus graves inconvénients. »

M. le gouverneur général signale ensuite les dangers de la multiplicité des postes permanents. Il démontre l'impuissance même de ces postes à assurer les communications ; il ne les admet que dans les cas d'une *nécessité absolue* et comme *postes magasins ou de ravitaillement*. Il donne ensuite des conseils aux chefs de poste, et les met en garde contre des sorties imprudentes, qui peuvent n'avoir d'autre résultat que de compromettre le sort des troupes.

« Jamais, dit-il, on ne doit sortir, jamais on ne doit combattre quand on est maître de ses actions, sans un but utile, raisonné, et même, dans ce cas, sans avoir des chances de succès. »

Toute cette partie de la circulaire demande à être méditée par les gens de guerre, et l'on ne peut que regretter que **M.** le maréchal n'ait pas eu le temps de composer, sur cette importante matière, le petit traité qu'il se proposait alors de faire. L'armée tout entière l'en eût remercié.

Une autre circulaire du **22** mai **1846** porte également l'empreinte de cette expérience consommée de **M.** le maréchal, et de sa vive et constante sollicitude pour les besoins généraux de l'armée. Elle est relative aux campements. **M.** le maréchal avait remarqué que **MM.** les commandants de colonne choisissaient leurs campements au bord des cours d'eau, et par conséquent dans les bas-fonds. Ils le faisaient dans la louable intention d'éviter à leurs troupes des corvées pour aller à l'eau, et de leur procurer un peu d'ombrage, dans les lauriers-roses ou les buissons qui bordent ordinairement les ruisseaux.

« L'expérience a démontré, dit M. le maréchal, que cette manière de camper donnait un nombre considérable de malades. En effet, les bas-fonds sont privés d'air pendant le jour, et la température y est de plusieurs degrés plus chaude que sur les hauteurs ou les coteaux voisins ; la nuit, au contraire, il y fait plus froid, et surtout plus humide. Une seule nuit passée dans un bas-fonds, près d'un cours d'eau, suffit quelquefois pour donner une centaine de malades sur un effectif de 3,000 hommes. On comprend avec quelle rapidité une colonne serait fondue, si cette manière de camper se renouvelait plusieurs fois dans le cours d'une expédition.

« Je recommande donc de la manière la plus formelle à tous les commandants de colonne de choisir toujours leurs campements sur des hauteurs et des coteaux, toutes les fois que le terrain le permettra. On ne doit pas s'astreindre, pour camper, à former un carré bien régulier : pourvu que l'on puisse bien se garder dans la position que l'on choisit, peu importe la forme donnée au camp, si l'on est dans un endroit salubre. Il vaut infiniment mieux imposer quelques corvées aux hommes pour aller à l'eau et pour mener les chevaux et mulets à l'abreuvoir. La santé des soldats en souffrira beaucoup moins que de camper dans un endroit soumis à des influences morbides. »

Ce n'est pas là seulement le langage d'un chef, c'est celui d'un père de l'armée.

Cette affection pour les soldats ne se retrouve nulle

part plus entière que dans la circulaire du 23 mars 1844.

Les recrues appartenant aux régiments d'infanterie de l'armée d'Afrique, et qui étaient dans les dépôts de France, allaient être dirigées sur leurs corps. Voici les instructions que M. le gouverneur général adresse, à leur sujet, aux généraux commandant les divisions :

« Vous comprendrez que ces jeunes soldats, dont l'instruction n'est qu'ébauchée, dont l'éducation militaire est à faire, ne peuvent être employés immédiatement ni aux expéditions ni aux travaux pénibles. Il faut d'ailleurs les acclimater, et, sous tous les rapports, nous devons les laisser en station pendant le printemps, l'été et l'automne dans les lieux que nous occupons d'une manière permanente.

« Vous recommanderez qu'ils y soient traités avec *des ménagements paternels*, afin d'éviter les maladies et surtout la nostalgie. »

Tant de soins devaient toucher les soldats. Ils en ont tous conservé un religieux et noble souvenir.

Nous pourrions citer encore ici un grand nombre d'autres circulaires sur des objets importants d'administration générale, d'économie publique, de haute police, etc., etc., qui prouvent avec quelle application M. le maréchal Bugeaud surveillait toutes les parties de son vaste gouvernement. Mais nous avons dû nous contenter d'analyser celles qui touchent aux matières les plus saillantes, telles que l'*administration des indigènes*, celle de la *justice en dehors de la juridiction des tribunaux ordinaires*, le *commerce inté-*

rieur, etc., et qui renferment des instructions qui peuvent toujours être utilement méditées et appliquées. Nous pensons avoir ainsi rendu un service à tous ceux qui, comme nous, étudient avec une persévérance infatigable la question la plus vaste et la plus compliquée de ce temps.